Actualizad 2024

El Origen Egipcio Sin Mancha

Por qué el Antiguo Egipto importa

Moustafa Gadalla

CONTENIDO

ACERCA DEL AUTOR vii

PRÓLOGO DE PAUL JEFFELS ix

PREFACIO xv

NORMAS Y TERMINOLOGÍA xvii

MAPA DEL ANTIGUO EGIPTO xix

SECCIÓN I. MAIN BODY

1. PRELUDIO: IMAGINE DE JOHN LENNON 1

2. REDESCUBRIENDO EGIPTO DE NUEVO 3

3. LOS ÁNGELES CELESTIALES DE EGIPTO 5

3.1 LOS ÁNGELES CELESTIALES DE EGIPTO 5
3.2 MONOTEÍSMO Y POLITEÍSMO 5
3.3 NETERU – LAS ENERGÍAS DIVINAS 6
3.4 UNA CUESTIÓN DE ENERGÍAS 8
3.5 FUERA DE EGIPTO 10
3.6 ALEGORÍAS Y COSMOLOGÍA EGIPCIA 10

4. DESCUBRIENDO LOS PODERES QUE 13
    EXISTEN DENTRO DE USTED

    4.1 TOME EL CONTROL DE SU PROPIA VIDA 13
    4.2 BUSQUE SU PROPIO CAMINO HACIA LA 14
    FUENTE
    4.3 LAS COSTUMBRES Y LOS PRINCIPIOS 16
    MORALES DE MAAT

5. HACIENDO QUE LA DEMOCRACIA 19
    FUNCIONE

    5.1 PROBLEMAS ACTUALES Y SOLUCIONES 19
    ANTIGUAS
    5.2 COMMONWEALTH VS. GOBIERNO 20
    CENTRALIZADO
    5.3 LA PARTICIPACIÓN POPULAR — LOS 22
    INDIVIDUOS EN UN FORO O CAUCUS
    5.4 EQUIDAD TRIBUTARIA FUNDAMENTADA 22
    5.5 RAÍCES Y SOLUCIONES DE LOS CONFLICTOS 23
    INTERNOS
    5.6 CONFLICTOS EXTERNOS — GUERRA Y PAZ 23

6. RELACIONÁNDOSE CON LA MADRE 25
    TIERRA

    6.1 INQUILINOS, NO PROPIETARIOS 25
    6.2 PISANDO CON SUAVIDAD 25
    6.3 MANTENERLO LIMPIO 26
    6.4 PAZ EN LA TIERRA 27

7. DESCUBRIENDO LOS PODERES 29
    MASÓNICOS DE EGIPTO

    7.1 LA SINFONÍA MASÓNICA EGIPCIA 29
    7.2 MONUMENTOS PERSONALES O 31
    GENERADORES DE ENERGÍA
    7.3 ARQUITECTURA Y GEOMETRÍA SAGRADA 32
    7.4 DEJAR QUE LA ENERGÍA FLUYA 33
    7.5 EL PODER DE LA PIRÁMIDE 34

8.   LEYENDO LOS ESCRITOS EN LAS 37
     PAREDES [EGIPCIAS]

     8.1. CARACTERÍSTICAS DEL ARTE EGIPCIO 37
     8.2. PAREDES DINÁMICAS (BAJORRELIEVES) 38
     8.3. CONSCIENCIA CÓSMICA O ARTE MUNDANO 39
     8.4. SIMBOLISMO 40
     8.5. SIMBOLISMO ANIMAL 41
     8.6. LAS TRES FUNCIONES DE CADA IMAGEN 42
     JEROGLÍFICA

9.   LA EXTENSIÓN DE LA ANTIGUA 45
     CIVILIZACIÓN EGIPCIA

     9.1. LA EDAD DE LA ANTIGUA CIVILIZACIÓN 45
     EGIPCIA
     9.2. EL MÁS POBLADO, RICO E INFLUYENTE 47

     BIBLIOGRAFÍA SELECCIONADA 51

1

ACERCA DEL AUTOR

Moustafa Gadalla es un egiptólogo independiente egipcio-estadounidense que nació en El Cairo, Egipto, en 1944. Tiene una licenciatura en ingeniería civil de la Universidad de El Cairo.

Desde su más tierna infancia, Gadalla persiguió sus raíces del Antiguo Egipto con pasión, a través del estudio y la investigación continuos. Desde 1990 dedica y concentra todo su tiempo a investigar y escribir.

Gadalla es el autor de veintidós libros publicados internacionalmente aclamados sobre los diversos aspectos de la historia y la civilización del Antiguo Egipto y sus influencias en todo el mundo. Además, opera un centro de recursos multimedia para estudios precisos y educativos del Antiguo Egipto, presentados de una manera atractiva, práctica e interesante que atrae al público en general.

Fue el fundador de la Fundación de Investigación Tehuti, que luego se incorporó al Centro de Sabiduría Egipcia multilingüe (https:// www.egyptianwisdomcenter.org) en más de diez idiomas. El sitio web también incluye otra actividad en curso que incluye su creación y producción de proyectos de artes escénicas como Isis Rises Operetta, Horus The Initiate Operetta; Egyptian Goddesses Operetta; y algunas otras producciones más a seguir.

2

PRÓLOGO DE PAUL JEFFELS

En todo el Mundo Antiguo, hasta casi la caída del Imperio Romano, Egipto fue considerado como la cuna de la civilización. Durante la Edad Oscura y la Época Medieval, los cristianos y los musulmanes hicieron grandes esfuerzos para erradicar el legado cultural egipcio. Su principal arma fue prohibir el conocimiento de la escritura y de la lengua egipcia.

Sin embargo, un gran número de relatos griegos y romanos sobre las glorias de Egipto sobrevivieron en los escritos clásicos, de modo que estos esfuerzos equivocados sólo sirvieron para aumentar el interés en los círculos filosóficos, y para crear un aura de fruto prohibido y de misterio en torno a la sabiduría y a la cultura egipcia.

Esto se incrementó por la imagen de Egipto en las escrituras clásicas como una tierra mágica, y por las numerosas referencias hechas a Egipto en la Biblia cristiana.

Por otra parte, en los círculos filosóficos se encontraban numerosas referencias a los "Textos Herméticos". Hasta el siglo XVI, sólo existían versiones en latín de partes de estos textos. En esta época, los investigadores se hallaban en la búsqueda de los textos completos desde hacía 1.000 años. Cuando encontraron las versiones griegas de casi todos los textos, causaron un gran furor y tuvieron una gran influencia en el Renacimiento.

Los Textos Herméticos son la sabiduría egipcia con influencias griegas, escritos (probablemente) en Alejandría alrededor del 200 d. C. En el siglo XVII se les consideraban un fraude. Cuando se tradujeron los aspectos esotéricos de la escritura egipcia en el siglo XIX, se hizo evidente que dichos textos contenían fuertes elementos egipcios y se inició un proceso de revaluación de la influencia de la cultura y de la sabiduría egipcia en la sociedad y en el pensamiento moderno.

Valores de la civilización

La cultura egipcia se basó en Maat —la justicia del Universo. Se podría describir a Maat como "aquello que sostiene el Principio del Ser". Los egipcios creían en un universo animado, en el que el Principio del Ser era la manifestación más representativa del Único Gran Dios. Consecuentemente, erigieron su sociedad sobre las bases de la principal función de Maat: sostener el Principio del Ser.

Es por ello que fueron la primera cultura en abolir los sacrificios humanos y en plasmar en sus leyes la idea de que todo ser humano tiene derecho a la vida. Esto significaba que el asesinato y los crímenes violentos contra el individuo recibían severas penas, y el Estado sólo podía castigar a las personas tras realizar un proceso legal previo. Todas las culturas y civilizaciones que han perdurado durante cualquier periodo de tiempo han adoptado tal principio, demostrando que este es un conocimiento realmente fundamental sobre la estructura del universo.

Esta es la base de la Constitución de Estados Unidos y de la Carta de las Naciones Unidas.

Analizando las implicaciones de este principio básico, los legisladores pensaron que con el fin de sustentar la vida, las personas necesitan tener comida, un alojamiento, posesiones y relaciones claramente definidas con los demás. Todos estos aspectos fueron recogidos en la legislación egipcia.

La organización del pensamiento

Mediante la observación de la realidad, los egipcios se percataron que de un modo general, Maat trabajaba a través de patrones repetitivos, de modo que decidieron observar dichos patrones y encontrar formas de trabajar con ellos. Pronto se dieron cuenta de que esto requería sistemas para medir y cuantificar, en parte con el fin de medir y controlar, y también con el objeto de evitar que la mente humana deambulara en creencias sobre la realidad que se desviaban de lo que realmente existía. Por consiguiente, inventaron un sistema coherente de escritura que permitía la conservación de registros a lo largo del tiempo, un sistema matemático coherente y un sistema objetivo de pesaje y medida, lo cual les permitía cuantificar de una manera efectiva.

En la Edad Media todavía se utilizaba el sistema matemático egipcio para efectos prácticos, tales como el planeamiento topográfico, dado que la matemática teórica griega no era útil para dicho fin.

La organización del Estado

En el Mundo Antiguo, el estado egipcio tuvo la mayor extensión geográfica antes del imperio asirio. Fue sin duda el más extenso, más extenso que cualquier otro Estado en la historia registrada. Esto se debió en parte a que los egipcios inventaron la figura de los funcionarios públicos estatales y un sistema judicial independiente. Una importante razón que llevó a esta forma de estructura fueron las inundaciones anuales del Nilo. Todos los años, las zonas susceptibles de inundación eran medidas y los resultados eran registrados por triplicado. Cuando las inundaciones terminaban, estas áreas eran medidas de nuevo y se restablecían todos los linderos y propiedades. Los resultados se registraban por triplicado de nuevo, quedando listos para que todo el proceso se repitiera al año siguiente. Este sistema, recogido por la legislación egipcia, era en sí probablemente el sistema más justo e incorruptible que jamás se haya ideado.

Las leyes egipcias eran administradas por jueces nombrados por el Estado, y cada uno de ellos se dedicaba a la búsqueda y a la conservación de Maat en su forma de verdad absoluta. Con este propósito, se prohibió cualquier forma de elocuencia en los procedimientos legales. Todas las alegaciones presentadas tanto por parte de la acusación como por parte de la defensa debían ser hechas por escrito. Los jueces recibían dichas declaraciones y salían de la sala de audiencias para examinarlas de forma objetiva antes de emitir una sentencia. ¡Un sistema que podríamos utilizar actualmente!

Ciencia y Medicina

La ciencia y la medicina egipcia se basaron por completo en el principio práctico de mejorar la vida de las personas. Operaban en su totalidad según las consideraciones morales de Maat. No se hizo o se experimentó nada que desobedeciera dicho principio. Nosotros podríamos seguir este ejemplo hoy en día, tal como hicieron muchos científicos modernos como Albert Einstein y Robert Oppenheimer, ambos relacionados con la invención de las armas atómicas.

Los griegos han reconocido que sus conocimientos médicos provenían de Egipto. Pruebas documentales y arqueológicas confirmaron que los egipcios podían tratar con eficiencia huesos rotos, heridas superficiales e incluso fracturas de cráneo. Esto se debió en gran medida a que los egipcios fueron los primeros en reconocer la relación entre la higiene y la salud. La higiene posibilitaba que los procedimientos quirúrgicos invasivos pudieran llevarse a cabo con eficacia, y que la población estuviera mucho menos expuesta a epidemias. Se estima que en el apogeo del Imperio

Nuevo, en torno al año 1300 a.C., la población de Egipto era de 7 millones de personas. En 1800, después de siglos de ocupación islámica, era tan sólo de 3 millones.

Las pruebas documentales, tanto de fuentes egipcias como de otros países civilizados, muestran que los egipcios tuvieron un gran éxito en el tratamiento de los trastornos psicológicos. De hecho, se les consideró líderes mundiales, una posición derivada de sus intensos estudios acerca de la organización de la mente y de los medios para poder controlarla.

Tecnología, Arte, Artesanía y Agricultura

Cualquier persona que haya visto artefactos egipcios de cerca se habrá impresionado por la excelencia tanto de su diseño como de su elaboración. Este espíritu de perfección práctica nació del hecho de que los egipcios no veían ninguna separación entre lo espiritual y lo mundano. Cada artefacto servía tanto para su propósito inmediato como para el trabajo del Universo en respaldar y sustentar al Ser. Las formas de las herramientas manuales, por ejemplo, eran prototipos de las mismas herramientas manuales que utilizamos hoy en día. Se pueden encontrar en modernas tiendas, muebles y joyas con diseños idénticos a los egipcios. Muchas de las recetas que se sirven en los hogares y restaurantes modernos agraciaban ya las mesas de los egipcios hace 4.000 años.

La joya de la corona de la tecnología egipcia era su dominio en la gestión del riego y de las inundaciones. En muchas partes de Egipto, los canales de riego que fueron excavados en el 2500 a.C. todavía sirven a su propósito original. Todos los sistemas de riego utilizados actualmente se basan en los sistemas ideados por los egipcios. Fue esta agricultura organizada la que permitió al Estado egipcio sustentar a su enorme población y a tener recursos suficientes para erigir la civilización que todavía hoy en día admiramos.

Conclusiones

El Antiguo Egipto fue la cuna de nuestra cultura y civilización occidental moderna. La tecnología y los sistemas que tenemos hoy en día fueron prediseñados en Egipto alrededor del año 2500 a.C. Pero aún podemos aprender más de Egipto. Hemos perdido la comprensión de que cada acción debe ser dirigida hacia un bien mayor, que en términos egipcios sería el soporte de Maat, es decir, sostener el Principio del Ser. Si la raza humana se disciplinara en llevar esto a cabo, podríamos eliminar las guerras, el hambre y casi todos los crímenes en pocos años. Esta era la creencia de los visionarios que escribieron la Carta de las Naciones Unidas hace 70 años, después de la guerra más destructiva de la historia de la humanidad. Dicha creencia comenzó en el Antiguo Egipto y ha seguido inspirando a pensadores progresistas durante los años oscuros, desde que la civilización de Egipto fue destruida por los invasores.

Haríamos bien en examinar de nuevo las creencias del Antiguo Egipto y el éxito que su aplicación tuvo a largo plazo, así como aprender las lecciones y aplicar estos conocimientos y creencias positivas en nuestras propias vidas y en el mundo moderno en general.

Paul Jeffels
Miembro del Consejo de la Tehuti Research Foundation
Derby
Inglaterra
Reino Unido

3

PREFACIO

La intención de este libro es la de proporcionar una breve introducción general sobre algunos aspectos de la civilización del Antiguo Egipto que nos pueden servir actualmente en nuestra vida cotidiana, sin importar el lugar en donde nos hallemos en el mundo. Los temas presentados tratan de:

– Nuestro lugar en el universo y su funcionamiento.

– La comprensión de uno mismo y cómo organizar nuestras energías internas para que vivamos felices y sanos.

– Problemas y soluciones antiguos [egipcios] para cuestiones políticas, sociales y económicas.

– Cómo lograr una convivencia pacífica entre los pueblos, la tierra y los recursos naturales, que también está relacionado con mantener el entorno limpio.

– La comprensión y la implantación de los principios armónicos en la construcción de las edificaciones.

– La valoración del arte, sus funciones y aplicaciones de un modo armónico.

– La naturaleza intemporal de la civilización del Antiguo Egipto.

Moustafa Gadalla
El autor

4

NORMAS Y TERMINOLOGÍA

1. La palabra egipcia antigua, neter, y su forma femenina netert, han sido erróneamente, y posiblemente intencionadamente, traducidas como dios y diosa, por casi todos los académicos. Neteru (plural de neter/netert) son los principios y funciones divinos del Dios Único Supremo.

2. Usted puede encontrar variaciones en la redacción del mismo término del Antiguo Egipto, como Amen/Amon/Amun o Pir/Per. Esto se debe a que las vocales que se ven en los textos egipcios traducidos son sólo aproximaciones de sonidos, que son utilizados por los egiptólogos occidentales para ayudarles a pronunciar los términos/palabras del Antiguo Egipto.

3. Nosotros vamos a usar las palabras más comúnmente reconocidas por la gente de habla inglesa que identifican a un neter/netert [dios, diosa], un faraón o una ciudad; seguida de otras "variaciones" de tal palabra/término.

Cabe señalar que los nombres reales de las deidades (dioses, diosas) se mantuvieron en secreto con el fin de proteger el poder cósmico de la deidad. Se hace referencia a el Neteru por epítetos que describen una calidad, cualidad y/o aspecto(s) particulares de sus funciones. Lo mismo ocurre con todos los términos comunes tales como Isis, Osiris, Amón, Ra, Horus, etc.

4. Cuando utilicemos el calendario Latino, utilizaremos los siguientes términos:

AEC — Antes de la Era Común. También escrito en otras referencias como antes de Cristo.

EC — Era Común. También escrito en otras referencias como después de Cristo.

5. El término Baladi se utiliza en este libro para denotar la actual mayoría silenciosa de egipcios que se adhieren a las tradiciones del Antiguo Egipto, con una delgada capa exterior de Islam.[Ver *Ancient Egyptian Culture Revealed* por Moustafa Gadalla para obtener información detallada.]

6. Hubo/hay escritos del Antiguo Egipto/textos que fueron categorizados por los mismos egipcios como "religiosos", "funerarios", "sagrados", … etc. La academia occidental le dio a los textos egipcios antiguos nombres arbitrarios, tales como el "Libro de Esto", y el "Libro de Aquello", "divisiones", "expresiones", "hechizos", … etc. La academia occidental incluso decidió que cierto "libro" tenía una "versión Tebana" o "esta o aquella versión de periodo de tiempo"¡¡¿ Después de creer en su propia creación inventiva, la academia acusó a los antiguos egipcios de cometer errores y de faltarles parte de sus escritos?!!

Para facilitar la consulta, mencionaremos la categorización académica occidental común, pero arbitraria de los antiguos textos egipcios, a pesar de que los mismos antiguos egipcios nunca lo hicieron.

5

MAPA DEL ANTIGUO EGIPTO

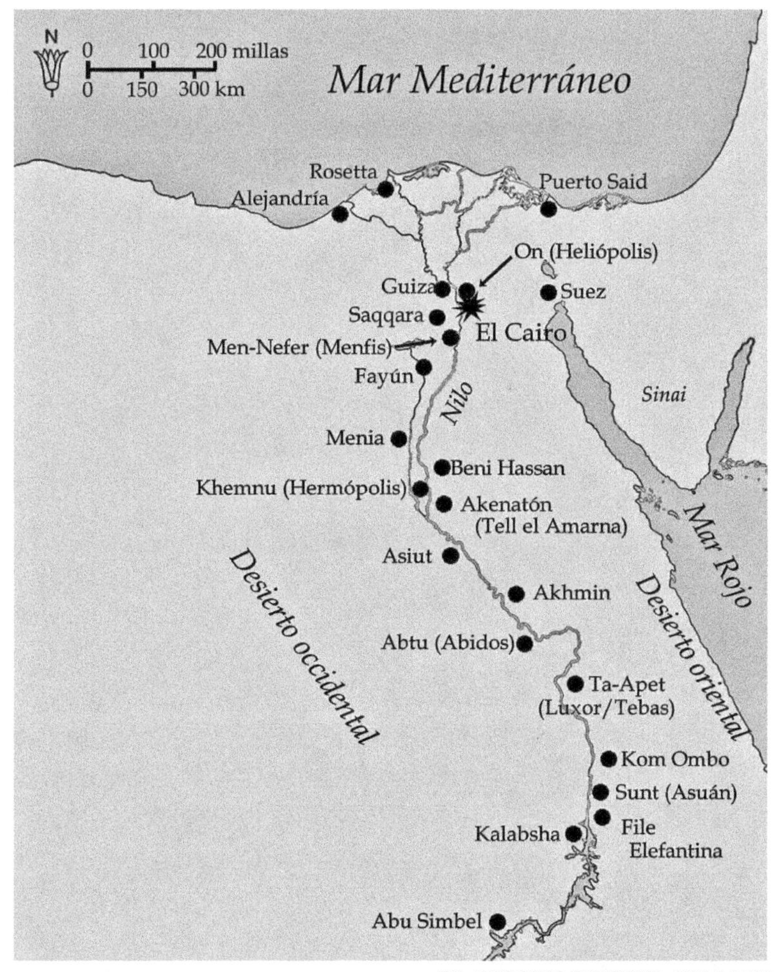

PRELUDIO: IMAGINE DE JOHN LENNON

En 1971 John Lennon lanzó su canción *Imagine*, que describe la ilusión de una utopía ideal. Esta letra "soñadora" describe, sin que su autor lo supiera, las condiciones de la civilización más longeva de la historia de la humanidad. Los siguientes capítulos mostrarán que John Lennon estaba describiendo la verdadera civilización del Antiguo Egipto. Esta es la letra de *Imagine*:

> Imagina que no hay Cielo,
> es fácil si lo intentas. Sin infierno bajo nosotros,
> encima de nosotros
> solo el cielo.
> Imagina a todo el mundo.
> Viviendo el día a día…
>
> Imagina que no hay países
> no es difícil hacerlo.
> Nada por lo que matar o morir,
> ni tampoco religión.
> Imagina a toda el mundo,
> viviendo la vida en paz….. .
>
> Puedes decir que soy un soñador,
> pero no soy el único.
> Espero que algún día te unas a nosotros,
> y el mundo será uno solo.

Imagina que no hay posesiones,
me pregunto si puedes.
Sin necesidad de gula o hambruna,
una hermandad de hombres.
Imagínate a todo el mundo,
compartiendo el mundo……

Puedes decir que soy un soñador,
pero no soy el único.
Espero que algún día te unas a nosotros,
y el mundo será uno solo.

REDESCUBRIENDO EGIPTO DE NUEVO

A pesar de la mala imagen del Antiguo Egipto que se ha formado en nuestra mente, hay dos hechos fundamentales, ciertos y reconocidos, que deben llamar nuestra atención para redescubrir Egipto de nuevo:

1. La civilización egipcia fue la más longeva de la historia.

2. Heródoto, el padre de la historia escribió en 500 a.C:

> *"De todas las naciones del mundo, la egipcia es la más feliz, la más sana y la más religiosa".*

¿Estos dos hechos sencillos no deberían hacer que nos preguntemos cómo y por qué sucedió esto? Debemos reflexionar sobre si algunos o varios aspectos de esta civilización tan duradera nos pueden ayudar en los tiempos actuales.

¿Egipto puede ser el Antiguo Futuro del mundo? ¿Las condiciones del Antiguo Egipto pueden representar la sociedad arquetípica ideal que John Lennon cita en su canción *Imagine*? La respuesta osada, que será desarrollada a lo largo de este breve libro, es un rotundo sí.

LOS ÁNGELES CELESTIALES DE EGIPTO

3.1 LOS ÁNGELES CELESTIALES DE EGIPTO

De un modo común y equivocado, se popularizó que los egipcios tenían un confuso sistema religioso, ¡con un número indefinido de dioses y diosas!

En realidad, los llamados "dioses y diosas" de Egipto, así como sus funciones, fueron adoptados por la Biblia y renombrados como "ángeles". La canción de Moisés en el Deuteronomio (32:43), encontrada en una cueva de Qumrán cerca del Mar Muerto, menciona la palabra dioses en plural:

"Alégrense con él, oh cielos, y que lo adoren todos los dioses"

Cuando se cita este pasaje en el Nuevo Testamento (Hebreos 1:6), la palabra dioses es sustituida por

"ángeles de Dios".

3.2 MONOTEÍSMO Y POLITEÍSMO

Cuando preguntamos "¿quién es Dios?", estamos preguntando en realidad "¿qué es Dios?". El mero nombre o sustantivo no nos dice nada. Sólo se puede definir a "Dios" a través del conjunto de "sus" múltiples atributos, cualidades, facultades y/o acciones. Conocer a "Dios" es conocer las numerosas cualidades de "Dios". Cuanto más aprendemos sobre estas cualidades (conocidas como *neteru*), más nos estamos acercando a nuestro origen divino.

Lejos de ser una forma primitiva y politeísta, esta es la más alta expresión de la mística monoteísta.

Los egipcios consideraban al universo como un acto consciente de la creación del Único Gran Dios. La doctrina fundamental era la unidad de la Deidad. Este Dios Único nunca fue representado. No obstante, sus funciones y los atributos de sus dominios sí fueron representados. Una vez que se hizo referencia a sus funciones y atributos, se convirtió en un ente distinguible, revelando su particular función y su influencia en el mundo. Sus diversas funciones y atributos como el Creador, el Sanador y similares, fueron llamadas *neteru* (en singular, *neter* en la forma masculina y *netert* en la forma femenina). Como tal, un *neter* o *netert* egipcio no era un dios o una diosa, sino la representación de una función y/o atributo de un Único Dios.

Los *neteru*, que fueron llamados "dioses" por algunos, fueron aceptados e incorporados al cristianismo bajo un nuevo nombre, "ángeles".

3.3 NETERU – LAS ENERGÍAS DIVINAS

Los textos egipcios mencionan que cuando surgió el Maestro del universo, toda la creación surgió. Dichos textos ponen énfasis a que el *Único Completo* lo contiene todo. En un texto del Antiguo Egipto se lee:

> *"Soy de muchos nombres y de muchas formas, y mi Ser existe en todos los neter".*

La energía divina que se manifiesta en el ciclo de la creación se define por los elementos energéticos que la constituyen, y que fueron llamados *neteru* por los antiguos egipcios. Los NeTeRu son las fuerzas de la NaTuRaleza.

La palabra egipcia *neter*, naturaleza o *netjer* significa **un poder que es capaz de generar la vida y de mantenerla una vez generada.** Como todas las etapas de la creación pasan por el ciclo de nacimiento, vida, muerte y renacimiento, lo mismo sucede a las energías implicadas durante las etapas de este ciclo. Es por esto que los *neteru* de los antiguos egipcios, al ser energías divinas, pasaron y siguen pasando por el mismo ciclo de nacimiento, crecimiento, muerte y renacimiento. Tal comprensión era generalizada, de lo cual Plutarco se percató, de que la multitud de fuerzas de la naturaleza conocidas como *neteru* se crean, están sometidas a continuos cambios, crecen, mueren y renacen.

Podemos poner el ejemplo de la oruga que nace, vive, construye su propio capullo donde muere o mejor aún, se transforma en una mariposa, que pone sus huevos, y así sucesivamente. Lo que tenemos aquí es la cíclica transformación de una forma o estado de energía a otro.

Otro ejemplo es el ciclo del agua, que se evapora formando nubes que precipitan de vuelta a la tierra. *Es todo una transformación cíclica ordenada de las energías en diversas formas: la muerte de un estado y el renacimiento de otro.*

Cuando se piensa en *neteru*, no como "dioses y diosas" sino como fuerzas de la energía cósmica, se puede ver el sistema del Antiguo Egipto como una brillante representación del universo. Filosóficamente, esta transformación natural cíclica se puede aplicar a nuestro dicho:

> **"Cuanto más cambian las cosas, más permanecen iguales".**

En los círculos científicos, esto se conoce como *la ley natural de conservación de la energía*, que se describe como: **el principio de que la energía nunca se consume sino que sólo cambia de forma, y de que la energía total en un sistema físico como el universo no puede ser aumentada ni disminuida.**

3.4 UNA CUESTIÓN DE ENERGÍAS

Los egipcios antiguos y baladís no hacían y no hacen distinción entre un estado metafísico del ser y su cuerpo material. Tal distinción es una ilusión mental. Existimos en diferentes niveles a la vez, desde el más físico hasta el más metafísico. Einstein estaba de acuerdo con estos principios.

Desde que elaboró su teoría de la relatividad, se empezó a conocer la materia y se aceptó que es una forma de energía, una coagulación o condensación de energía. La energía se compone de moléculas que giran o vibran a distintas velocidades. En el mundo "físico", las moléculas giran a una velocidad muy lenta y constante. Es por esto que las cosas parecen ser sólidas, por nuestros sentidos terrenales. Cuanto más lenta sea la velocidad, más denso o sólido es algo. En el mundo metafísico (espiritual), las moléculas vibran en una dimensión mucho más rápida, o etérea, donde las cosas son más libres y menos densas.

En este sentido, el universo es básicamente una jerarquía de energías, en diferentes niveles de densidad. Nuestros sentidos tienen acceso a la forma más densa de la energía, que es la materia. La jerarquía de las energías está interrelacionada, y cada nivel es sustentado por el nivel de abajo. Esta jerarquía de energías se ajusta perfectamente a una gran matriz de leyes naturales profundamente interconectadas, y que es a la vez física y metafísica.

Esta matriz de energías se originó como resultado del acto inicial de la creación y se la identificó con el *neteru* (dioses y diosas) del Antiguo Egipto.

La presencia de la energía en todo fue ampliamente reconocida por los egipcios antiguos y baladís. El hecho de que haya energías cósmicas (*neteru*) en cada piedra, mineral, madera, etc., queda muy claro en la Piedra de Shabako (siglo VIII a.C.):

Y así los neteru (dioses y diosas) entraron en sus formas, en todos los tipos de maderas, todos los tipos de minerales, todos los tipos de arcillas y en todo lo que crece sobre él (la tierra).

La matriz de energía universal delimita el mundo como el producto de un complejo sistema de relaciones entre las personas (vivas y muertas), los animales, las plantas y los fenómenos naturales y sobrenaturales. Este razonamiento es a menudo llamado **Animismo,** debido a su premisa esencial de que todas las cosas están animadas (energizadas) por fuerzas vivas. Cada diminuta partícula de todas las cosas está en constante movimiento, es decir, energizada, como se reconoce en la teoría cinética. En otras palabras, todo está animado (energizado): los animales, los árboles, las rocas, los pájaros e incluso el aire, el sol y la luna.

La forma más veloz de energía, de estas energías invisibles en el universo, son denominadas por muchos como espíritus. Los espíritus o energías están organizados en diferentes niveles de densidad, que a su vez están relacionados con las distintas velocidades de las moléculas. Estas energías más rápidas (invisibles) habitan ciertas áreas o se asocian con determinados fenómenos naturales. Los espíritus (energías) existen en grupos de familias, es decir, relacionadas entre sí.

Según sea necesario, las energías pueden ocupar una energía más condensada (materia) como un ser humano, un animal, un vegetal o cualquier otra forma. El espíritu da vida al cuerpo humano al nacer y lo deja cuando acontece la muerte. A veces, más de un espíritu de energía entra en un cuerpo. A menudo oímos que una persona "no se siente ella misma", o que está "temporalmente demente", "poseída", "fuera de sí", o que tiene múltiples personalidades. Las energías (espíritus) tienen un efecto sobre todos nosotros, en un grado u otro.

Dado que el universo creado es ordenado, su matriz energética es también como una máquina bien engrasada con nueve reinos que se interrelacionan y que interactúan.

3.5 FUERA DE EGIPTO

Lo que ahora se llama religión cristiana ya existía en el Antiguo Egipto, mucho antes de la adopción del Nuevo Testamento. El egiptólogo británico Sir Ernest Wallis Budge escribió en su libro, *The Gods of the Egyptians* (1969),

> ***"La nueva religión (el cristianismo), que ha sido anunciada por San Marcos y sus seguidores inmediatos, guardaba un enorme parecido con todos los elementos esenciales que fueron el resultado del culto a Osiris, Isis y Horus."***

Las similitudes, señaladas por Budge y por todos los que han comparado la alegoría egipcia de Osiris, Isis y Horus con el Evangelio, son sorprendentes. Ambos relatos son prácticamente el mismo, como por ejemplo la concepción sobrenatural, el nacimiento divino, las luchas contra el enemigo en el desierto y la resurrección de entre los muertos a la vida eterna. La principal diferencia entre las "dos versiones", es que al relato del Evangelio se le considera histórico mientras que al ciclo de Osiris, Isis y Horus se le considera una alegoría. El mensaje espiritual de la alegoría del Antiguo Egipto de Osiris, Isis y Horus y de la revelación cristiana es exactamente el mismo.

El investigador británico A. N. Wilson señaló en su libro, *Jesús*:

> ***"El Jesús histórico y el Cristo de la fe son dos seres separados, con historias muy diferentes. Es bastante difícil reconstruir el primero, y en dicho intento estamos expuestos a hacer un daño irreparable al segundo".***

Hay una ironía innegable y una profunda e indiscutible verdad en el dicho profético de Oseas: ***"De Egipto llamé a mi hijo".*** De hecho, es una ironía muy grande.

3.6 ALEGORÍAS Y COSMOLOGÍA EGIPCIA

Se transmitió el conocimiento cosmológico del Antiguo Egipto en forma de historias, que es un medio especialmente útil para expresar conceptos físicos y metafísicos. Las alegorías bien elaboradas son la única manera de explicar las verdades más profundas sobre Dios, la creación, la vida, el alma, nuestro lugar en el universo y nuestra lucha para evolucionar hacia niveles más altos de comprensión y entendimiento.

Las alegorías son medios elegidos intencionadamente para comunicar el conocimiento. Dramatizan leyes cósmicas, principios, procesos, relaciones y funciones, y los expresa de un modo fácil de entender. Una vez que los significados interiores de las alegorías hayan sido revelados, se convierten en maravillas completas, concisas, científicas y filosóficas a la vez. Cuanto más se estudian, más ricas se vuelven. La "dimensión interior" de las enseñanzas inherentes a cada historia es capaz de revelar diversos niveles de conocimiento, de acuerdo con la etapa de desarrollo del oyente. Los "secretos" se revelan a la medida que existe una implicación mayor. Cuanto más al fondo vayamos, más veremos. Siempre están ahí.

Cualquier buen escritor o profesor sabe que las historias son el mejor medio para explicar el funcionamiento de las cosas, porque la mente retiene mejor las relaciones de las partes entre sí y con el todo. Los sabios egipcios transformaron sustantivos y adjetivos comunes (indicadores de cualidad) en nombres propios y también conceptuales. Estos fueron además personificados, de modo que podían ser entrelazados en las narraciones.

Los egipcios no creían que sus alegorías fuesen *hechos históricos*. Creían EN ellas, en el sentido de que creían en la verdad que había por detrás de las historias.

Los antiguos egipcios tenían numerosas alegorías, como la de Osiris, Isis y Horus.

DESCUBRIENDO LOS PODERES QUE EXISTEN DENTRO DE USTED

4.1 TOME EL CONTROL DE SU PROPIA VIDA

Mientras que algunos insisten en que todos los seres humanos son *"pecadores innatos"*, las enseñanzas egipcias ponen énfasis y construyen sobre lo positivo que hay dentro de cada ser humano, un "tesoro" que sólo se puede encontrar al buscarlo. Dichas enseñanzas desarrollan el potencial interior oculto del ser humano, para reconocer y equilibrar las energías con el propósito de aprender, adquirir conocimientos y lograr sus objetivos.

Cada uno de nosotros debe saber cómo gestionar esta energía que existe dentro y alrededor de nosotros, incluyendo todas nuestras fuerzas, deseos, emociones, etc. Las leyes sociales deben seguir el mismo patrón de la organización de la energía del universo. Así como es arriba, es abajo.

En concentraciones, especialmente cuando son masivas e incontroladas, esta matriz de energía interior es potencialmente peligrosa, incluso mortal. La hiperactividad o el enfado son ejemplos humanos de energías masivas no controladas. Por esto, es de suma importancia que se entienda, se gestione y se controle la matriz energética.

Los egipcios denominaban al principio del orden cósmico a

todos los niveles, incluyendo a los seres humanos, simplemente "Maat". Ma-at es el *netert* (diosa) que representa el principio del orden cósmico, el concepto por el cual no sólo los hombres, sino también los propios *neteru* (dioses y diosas) eran gobernados y sin el cual los *neteru* (dioses y diosas) no funcionarían.

Para resolver cualquier problema en su vida, usted necesita potenciar su Maat interior para producir orden, equilibrio y armonía. El Maat le guiará en la resolución (definiendo y ordenando) del caos (la energía o materia indiferenciada y la conciencia) interior. Más adelante en este capítulo, hablaremos más sobre Maat.

4.2 BUSQUE SU PROPIO CAMINO HACIA LA FUENTE

En Egipto, lo que ahora llamamos "religión" fue algo tan ampliamente reconocido que ni siquiera necesitaba un nombre, porque era la vida misma en todos sus aspectos. Todo el conocimiento basado en la conciencia cósmica fue incorporado en sus prácticas diarias, que posteriormente se convirtieron en tradiciones.

El modelo egipcio no es sobre el mundo exterior, ni es una comunidad de creyentes, ni un dogma, escritura, regla o ritual. No es simplemente creer que Dios está presente, o que Dios es esto o aquello. No se trata sólo de pedir a alguien que "crea" y ya se estará automáticamente en la gracia de Dios. El modelo egipcio consiste en una serie de ideas y prácticas que proporcionan las herramientas para que cualquier buscador espiritual progrese a lo largo de cada Camino hacia la "unión con la Divinidad".

Este Camino espiritual hacia la unión requiere tomar parte en el difícil, y a veces doloroso (pero alegre), compromiso con la purificación interior y exterior. El buscador debe adquirir conocimientos acerca de la realidad o verdad, hacer siempre el bien y aplicar en el mundo lo que haya aprendido. Es una filosofía de vida, una forma de comportamiento individual, con el fin de lograr la más alta moralidad, la felicidad interna y la paz.

La percepción general del misticismo es la de que es posible lograr la comunión con Dios y alcanzar el conocimiento de la verdad espiritual a través de la intuición adquirida por la meditación disciplinada. El modelo egipcio para adquirir conocimiento se basa en la utilización tanto de la inteligencia como de la intuición.

Los principios y prácticas naturales del modelo egipcio son comunes en el Occidente y en el Oriente. Un buscador místico es alguien que cree que es posible tener una experiencia directa de Dios. El modelo egipcio de misticismo es una expresión natural de la religión personal. El buscador tiene derecho a procurar una vida de contemplación, buscando el contacto con la fuente del ser y la realidad. Los buscadores místicos persiguen el conocimiento de la Realidad o Verdad de Dios que no puede ser adquirido a través de las religiones dogmáticas.

El modelo egipcio de misticismo (Sufismo) no es una cuestión de credo y dogma, sino que es más bien un mapa personal. Cada uno de nosotros es un individuo único. En todos sus textos, los antiguos egipcios plasmaron sus creencias en la individualidad de cada uno de nosotros. Por ejemplo, nunca hubo dos textos transformacionales (funerarios) o médicos (llamados "mágicos") idénticos para dos individuos. No hay una doctrina dogmática de talla única para todos.

El modelo egipcio reconoce la singularidad de cada individuo, reconociendo así que los caminos hacia Dios son tan numerosos como el número de buscadores. Dichos caminos son como los arroyos que van todos a la misma fuente. Todo el pensamiento egipcio se basa en este principio: *variaciones sobre un tema*.

Los buscadores místicos crean sus propias formas de vida colectiva. Los buscadores que tienen afinidades forman redes de maestros y discípulos llamadas *Caminos*. La estructura de un *Camino* se describe mejor como una *hermandad*. Se puede formar una hermandad mística con el modelo egipcio (un orden) en cualquier momento y en cualquier lugar.

La diversidad de la raza humana se refleja en la diversidad de las comunidades, que por tanto varían en su naturaleza, enseñanzas, ejercicios, etc.

Se progresa a lo largo del Camino espiritual a través del esfuerzo, y es una cuestión de acción disciplinada consciente. Cada conciencia nueva o elevada es equivalente a un nuevo despertar. Se les denomina a los niveles de conciencia como muerte y renacimiento. Esta forma de pensar se ha extendido en el Antiguo (y actual) Egipto, donde el nacimiento y el renacimiento son un tema permanente. Se utiliza la palabra *muerte* con un sentido figurativo. El tema que el hombre debe *"morir antes de morir"* o que debe *"nacer de nuevo"* en su vida actual se toma simbólicamente, o es celebrado mediante un ritual. En este sentido, el candidato debe pasar por ciertas experiencias específicas (técnicamente denominadas *"muertes"*). Un buen ejemplo es el bautismo, que era el objetivo principal de la Pascua, después de la Cuaresma, que representa la *muerte* del antiguo yo por inmersión en el agua, y el surgimiento de su nuevo o renovado yo mediante el resurgimiento en el agua.

4.3 LAS COSTUMBRES Y LOS PRINCIPIOS MORALES DE MAAT

De acuerdo con la filosofía egipcia, a pesar de que toda la creación es espiritual en su origen, el hombre nace mortal pero contiene en su interior la semilla de lo divino. Su propósito en esta vida es el de alimentar esta semilla, y su recompensa, si lo logra, es la vida eterna en la que se reunirá con su origen divino. La nutrición de las plantas en el suelo es análoga a la nutrición del espíritu en la tierra, al realizar buenas obras.

El hombre viene al mundo con las más altas facultades divinas, que son la esencia de su salvación, en un estado no despierto. El camino de la religión egipcia es por lo tanto, un sistema de prácticas destinadas a despertar las facultades superiores latentes.

El énfasis de la religión egipcia sobre el despertar de las facultades no puede ser sobredimensionado. El comportamiento moral, por ejemplo, no se forma a través del mero aprendizaje de ciertos valores, sino que es adquirido por la mente y por la experiencia. Se debe completar la purificación interior practicando un buen comportamiento social a diario. Cualquier acción queda impresa en el corazón. El ser interior de una persona es realmente el reflejo de sus obras y acciones. Por lo tanto, realizar buenas acciones determina buenas cualidades internas y a su vez, las virtudes impresas en el corazón gobiernan los actos de las extremidades. A medida que cada acción, pensamiento y obra producen una imagen en el corazón, se convierten en un atributo de la persona. Esta maduración del alma a través de los atributos adquiridos conduce a visiones místicas progresivas y a la unificación definitiva con lo Divino.

La sabiduría del Antiguo Egipto siempre ha puesto un gran énfasis sobre el cultivo del comportamiento ético y sobre el servicio a la sociedad. Las tradiciones y prácticas egipcias hacen hincapié en la formación del carácter, el buen comportamiento, los valores familiares, la conveniencia y los beneficios del matrimonio, las relaciones armónicas, los derechos sociales, la ética del trabajo, la responsabilidad, etc.

Uno debe vivir su propia vida, y cada uno de nosotros debe, guiado por Ma-at, recorrer su propio camino. El concepto de Ma-at ha impregnado todos los escritos egipcios, desde los tiempos más remotos y a lo largo de toda su historia. El Ma-at no se traduce o define fácilmente con una palabra. Básicamente, podríamos decir que significa aquello que por derecho propio debería ser; lo que está de acuerdo con el orden y la armonía del cosmos, de los *neteru* y de los hombres, que son parte de él.

El Ma-at, el *Camino*, abarca las virtudes, los objetivos y las funciones que definen una interacción social aceptable, cuando no ideal, y el comportamiento personal.

Se puede encontrar un resumen del concepto egipcio de la justicia en lo que se conoce popularmente como las *Confesiones Negativas*. En las paredes de las tumbas y capillas y en varias composiciones literarias de instrucciones sistemáticas que normalmente son denominadas "textos sabios", compuestos de máximas y preceptos, se pueden visualizar imágenes detalladas del hombre justo y del comportamiento esperado, así como de las ideas de responsabilidad y retribución. Entre dichos textos, se encuentran los 30 capítulos de la *Enseñanza de Amenhotep (Amenhotep III)*, que contienen muchos textos sabios y que posteriormente fueron adoptados en el *Libro de los Proverbios del Antiguo Testamento*.

5

HACIENDO QUE LA DEMOCRACIA FUNCIONE

5.1 PROBLEMAS ACTUALES Y SOLUCIONES ANTIGUAS

En todos los países democráticos, los ciudadanos están insatisfechos con su sistema de gobierno y afirman que no representan sus intereses. Muchos defienden el *status quo* diciendo que las alternativas son peores.

Aquí hay algunos problemas importantes identificables:

– El dinero influye en la política
– Los intereses particulares de los grupos de presión en la toma de decisiones del gobierno
– Políticos de carrera que no representan a la comunidad
– Una parálisis total entre las ramas del gobierno
– La votación individual de los candidatos se basa en un concurso de personalidad y no en una verdadera representación, como si preguntáramos "¿con cuál candidato tomaríamos una cerveza?" o "¿cuál candidato parece más feroz que el otro?"
– Las diferencias entre partidos políticos son tan débiles que en muchos casos no hay prácticamente diferencias en la manera de actuar, ¡y los resultados favorecerán a los que tienen más dinero y/o más "magnetismo personal"!

Pero hay alternativas para solucionar los problemas actuales, yendo al origen inmaculado de este tipo de sistema. Se ha dicho hasta la saciedad que Grecia es la fuente de la democracia y del sistema democrático de gobierno. Las repeticiones constantes pueden hacer que las personas se sientan bien, ¡pero no transforman las afirmaciones en hechos sin las pruebas que lo apoyen!

Volvamos a examinar la fuente egipcia inmaculada que Platón adoptó en sus escritos de la República, de las Leyes y de otras partes de sus obras.

5.2 COMMONWEALTH VS. GOBIERNO CENTRALIZADO

Está comúnmente aceptado por todos los políticos en todos los niveles de gobierno que *"toda política es local"*. El sistema en el Antiguo Egipto, siendo un verdadero sistema de base, se iniciaba a nivel local. Con el fin de proteger la individualidad de la política y su coherencia político-social, se necesitaba un sistema de cooperación entre varios entes políticos, que sería una alianza de tipo *commonwealth*, donde se formaban coaliciones para compartir las tareas y las responsabilidades específicas que pudiesen beneficiar a todos. Esto fue organizado, como lo confirmó Estrabón, en básicamente tres niveles: comunidad local, jurisdicción del distrito (condado) y provincia (Estado). Estas formas de organización han variado de una zona a otra, y de una época a otra. En el Antiguo Egipto, estas organizaciones políticas no coercitivas eran una tradición.

A diferencia de los gobiernos de tipo centralizado autocrático, la forma de un gobierno del tipo commonwealth reconoce la importancia de las *grassroots, las comunidades locales*.

Se forman coaliciones para compartir las tareas y las responsabilidades específicas que pueden beneficiar a todos, tales como los proyectos comunitarios públicos, los tratados, los tratados de no agresión, derechos de paso, etc.

Contrariamente al pensamiento autocrático de la academia, el gobierno organizativo del Antiguo Egipto no se formó desde la parte superior (faraón) hacia la parte inferior (comunidad local). Se formó desde la parte inferior hasta la parte superior, desde las comunidades locales a los distritos, de ahí a la regional y terminando a un nivel "nacional", y cada una bajo su gobierno elegido. Cada nivel organizativo tenía la misma forma, solamente reproducido en una escala menor o mayor, al ser un órgano representativo con sus interventores administrativos.

Los ancianos, que representan los linajes establecidos de la comunidad, formaban un consejo (órgano legislativo), que elegía a un jefe y que le asistían en el gobierno de la comunidad. El consejo de ancianos funcionaba como un tribunal que ayudaba a este jefe a distribuir el acceso a los recursos (como la tierra, los derechos del agua, etc.), las obras públicas planificadas, etc.

El sistema político del Antiguo Egipto era coherente con nuestros eslóganes actuales de *"gobierno limitado"*, *"gobierno por necesidad"*, *"el mejor gobierno es el menor gobierno"* y *"gobierno del pueblo, por el pueblo y para el pueblo"*.

Las alianzas entre las comunidades y regiones podían ser dirimidas, modificadas o reestructuradas, es decir, un *gobierno por necesidad*, para propósito(s) y/o duración(es) específicos, y así se hizo a lo largo de la historia del Antiguo Egipto. No debemos malinterpretar tales cambios como agitación o caos, sino como la verdadera aplicación de *"vive y deja vivir"*. Se trata de una verdadera democracia de base. Un ejemplo sería el Estado en todo Egipto durante la Dinastía XXII, que se puede deducir de la larga inscripción del rey Takelot II (860-835 a.C.), en el templo de Karnak. A partir de este texto, queda claro que hubo varios gobiernos regionales, cada uno con su propio rey o líder. No había señales de guerras o conflictos durante este tiempo, contrariamente a la percepción de los académicos occidentales, que están obsesionados con la idea de un gobierno centralizado y que en el supuesto de carecer de él, esto significa el caos, la lucha, y la guerra civil, ¡etc!

El sistema egipcio es la verdadera forma de democracia republicana de base, que era la fuente de los *Diálogos* de Platón acerca de las Leyes y de la República.

5.3 LA PARTICIPACIÓN POPULAR — LOS INDIVIDUOS EN UN FORO O CAUCUS

Los individuos tenían el derecho a elegir a sus delegados locales que representarían los intereses colectivos de una comunidad a todos los niveles. Para elegir a un representante para un propósito, misión o tarea especial, se implementó un sistema tipo *caucus*.

Sobre las cuestiones locales de carácter cotidiano, un individuo podía participar en las reuniones públicas del consejo de ancianos o consejos locales. Podía también presentar una petición sobre cualquier asunto y las autoridades encargadas tenían la obligación de dar una respuesta, como se puede ver claramente en los cientos de papiros recuperados del Antiguo Egipto.

5.4 EQUIDAD TRIBUTARIA FUNDAMENTADA

No había ningún tipo de impuesto sobre la renta. Había honorarios de usuario para obtener un acceso y/o servicio en particular. Era un sistema de mercado verdaderamente libre con una mínima interferencia gubernamental, una vigorosa economía de mercado.

Un consejo comunitario podía imponer una cuota justificable y razonable con una duración específica para recaudar fondos para un proyecto en particular. Sólo las partes afectadas o beneficiadas estaban obligadas a pagar. En pocas palabras, eran impuestos o tasas con un propósito específico, ¡y nunca una imposición *general* que iba a la tesorería para gastos de propósitos "generales"!

5.5 RAÍCES Y SOLUCIONES DE LOS CONFLICTOS INTERNOS

La función primordial de una sociedad debe ser la de *"uno para todos y todos para uno"*. Tener una representación democrática de base asegura una convivencia pacífica entre todos. Los conflictos, en el caso de que hubiese, se resolvían de diversas formas, dependiendo de la complejidad de la cuestión. Leer *Ancient Egyptian Culture Revealed,* de Moustafa Gadalla, para obtener información más detallada.

5.6 CONFLICTOS EXTERNOS — GUERRA Y PAZ

Como se explicará en un capítulo posterior, no existía el concepto de la propiedad de la tierra. Uno tenía el derecho de arrendar una parcela de tierra por una razón u otra, pagando una cuota por el arrendamiento. El sistema sociopolítico descrito anteriormente de *"vive y deja vivir"* no crea esta falsa sensación de *"nacionalismo"* gobernado por fronteras artificiales. Los conflictos limítrofes eran mínimos.

Es ampliamente reconocido que los egipcios (antiguos y actuales) son un pueblo no bélico. Por lo tanto, Egipto no estaba interesado en la formación de un imperio, y consecuentemente tampoco en llevar a cabo ocupaciones militares. Sólo estaba interesado en neutralizar los elementos hostiles que amenazaban con perturbar su propia seguridad y tuvo que depender casi exclusivamente de mercenarios extranjeros para realizar dicha tarea. Los faraones del Nuevo Imperio utilizaban la diplomacia y el matrimonio con princesas extranjeras para evitar conflictos y sólo se utilizaba la fuerza cuando todo lo demás hubiese fallado.

La guerra, para los antiguos egipcios, seguía reglas tan estrictas como las de un juego de ajedrez y tenía rituales específicos. Eran el pueblo civilizado por excelencia. Una guerra tenía un profundo significado religioso: simbolizaba las fuerzas del orden controlando el caos y la luz que triunfaba sobre la oscuridad.

En los templos, tumbas y textos del Antiguo Egipto, se describe a los vicios humanos como extranjeros (el cuerpo enfermo está enfermo porque está o estaba invadido por gérmenes extranjeros). Los extranjeros eran dibujados como seres sometidos, con los brazos fijados o atados a la espalda, para representar el autocontrol interno. El ejemplo más claro de autocontrol es la representación común del faraón (el Hombre Perfeccionado), en las paredes exteriores de los templos del Antiguo Egipto, sometiendo o controlando a los *enemigos extranjeros*: los *enemigos (impurezas) en su interior*.

Esta misma escena de "guerra" se repite en los templos de todo el país, lo que significa que es un simbolismo y no una representación de acontecimientos históricos reales. Las escenas de "guerra" simbolizan la batalla sin fin entre el Bien y el Mal.

Los académicos occidentales son incapaces de entender realidades metafísicas, y por tanto eliminan de los eventos históricos los aspectos metafísicos. La famosa *"Batalla de Kadesh"* es, en realidad, el drama personal del "hombre divino" individual (el rey en cada uno de nosotros), que con una sola mano **somete a las fuerzas internas** del caos y de la oscuridad. Kadesh significa santo o sagrado. Por lo tanto, la batalla de Kadesh **significa la lucha interna**, una guerra santa dentro de cada individuo.

RELACIONÁNDOSE CON LA MADRE TIERRA

6.1 INQUILINOS, NO PROPIETARIOS

El concepto de la tierra para los egipcios (antiguos y baladís) no acepta la premisa de que ésta es una propiedad que puede ser poseída. Para ellos, las personas tienen derecho a ocupar una tierra solamente si la trabajan, así como sólo pueden poseer el fruto de su trabajo. Los antiguos egipcios no tenían ningún verbo que significara *"poseer"*, *"tener"* o *"pertenecer a"*.

A los agricultores se les permitía el acceso a la tierra sólo si la cultivaban. Este concepto de tierra está presente en muchos países, y es denominado tierra pública (o algún otro término parecido). La idea es que la tierra es "propiedad" del gobierno (es decir, del pueblo) cuyo acceso se proporciona a las personas para que trabajen en ella de una forma determinada (minería, pastoreo, etc.).

El trabajo de los agricultores fue y está estrechamente asociado a los interventores locales (y regionales) de los recursos hídricos.

6.2 PISANDO CON SUAVIDAD

Las creencias de los egipcios antiguos y baladís en el Animismo también quedaron reflejadas en sus relaciones tradicionales entre las personas y la tierra. Los egipcios creían y creen que la tierra no tenía ningún valor separada de las personas, y, por el contrario, que las personas no podrían existir sin la tierra. Reconocen y respetan a los habitantes sobrenaturales de la tierra, de cualquier tierra. Los primeros fundadores, que llegaron y poblaron la tierra en un momento anterior, identificaron y apaciguaron los espíritus de un lugar (árboles, formaciones rocosas, ríos, serpientes y otros animales u objetos). Los espíritus de la tierra pueden variar según el lugar, o estar tan estrechamente identificados con el bienestar de un grupo que fueron llevados a un nuevo lugar, para dar continuidad al grupo en relación a su antiguo hogar.

Los derechos de un grupo, definidos por descendencia genealógica común, estaban vinculados a un lugar en particular y a sus asentamientos, y no a través de la "propiedad privada" y esto se debía a su pacto con los espíritus primordiales de la tierra o del lugar. Los espíritus, tanto de la familia como del lugar, exigían lealtad a las virtudes comunitarias y a la autoridad de los ancianos en la conservación de las creencias y prácticas antiguas.

Los recién llegados (inmigrantes espirituales) se unieron a la población local en un nuevo pacto entre ellos y los espíritus locales. Este pacto legitimó su llegada. A cambio de rendir homenajes regulares a estos espíritus, los fundadores podrían reclamar el acceso permanente a los recursos locales. De este modo, se convirtieron en el linaje a cargo del sacerdocio hereditario local y del gobierno del pueblo, y fueron y son reconocidos como los "inquilinos del lugar" por los humanos que llegaron posteriormente.

6.3 MANTENERLO LIMPIO

Este espíritu anímico hace que las personas tengan una consciencia medioambiental, porque tratan a todo con cuidado y respeto. Dicha convivencia con la naturaleza, en todas sus formas, era un requisito obligatorio para cada persona. A continuación, reproducimos algunas de las famosas *42 Confesiones Negativas del Antiguo Egipto*, que ponen énfasis en el hecho de que uno debe ser un verdadero ambientalista, para tener éxito en el reencuentro con la Fuente.

7- No he expoliado los *neteru*.

16- No he asolado la tierra arada.

22- No me he contaminado a mí mismo.

34- No he ensuciado el agua.

36- Nunca he maldecido a los *neteru*.

Los *neteru* son la esencia divina (espíritus) que vive en todo: plantas, aire, agua, minerales, etc.

6.4 PAZ EN LA TIERRA

Este respeto por los espíritus de la tierra es la clara representación de un pueblo pacífico (no invasivo) que no viola ni a personas ni a países. Los egipcios son un pueblo muy pacífico. Para los egipcios antiguos y baladís, el pisar un país extranjero en tiempos de paz o de guerra se hacía con una cuidadosa consideración hacia la tierra y hacia todos sus habitantes humanos y de cualquier otro tipo.

7

DESCUBRIENDO LOS PODERES MASÓNICOS DE EGIPTO

7.1 LA SINFONÍA MASÓNICA EGIPCIA

Los masones afirman que sus ritos, conocimientos y tradiciones tienen su origen en Egipto. Son miembros de una extendida sociedad fraternal secreta llamada "Masones Libres y Aceptados" (popularmente conocida como la Masonería). Hay una hermandad, y una simpatía instintiva y natural entre sus miembros.

Los masones modernos afirman que sus raíces profundas provienen de los antiguos egipcios. Es interesante que el obelisco y la pirámide ya fuesen formas simbólicas importantes para ellos, mucho antes de que la egiptología y la arqueología empezaran. Los Padres Fundadores de América (muchos de los cuales eran masones), pusieron una pirámide no estadounidense en el billete de un dólar, y eligieron la forma de un obelisco para el diseño de un monumento a George Washington, que era también masón.

Heródoto, el padre de la historia y un griego nativo, afirmaba en 500 a.C.:

> *"Ahora, déjenme hablar más de Egipto dado que tiene muchas cosas admirables y lo que se ve en él es superior a lo visto en cualquier otro país".*

Esta calidad superior de los monumentos del Antiguo Egipto es la manifestación física de su avanzado conocimiento cósmico, como se indica en el tercer libro de Asclepio (25) de los Textos Herméticos:

> ***"... En Egipto todas las operaciones de los poderes que gobiernan y trabajan en el cielo han sido transferidas abajo a la tierra... Debería decirse más bien que todo el cosmos habita tanto en [Egipto] como en su santuario...".***

Por lo tanto, debemos dejar de ver a los monumentos del Antiguo Egipto como una interacción de formas en una vaga presentación histórica y arqueológica. En su lugar, debemos intentar verlo como la morada del cosmos, como la relación entre la forma y la función.

Johann Wolfgang von Goethe (1749-1832) describe la arquitectura como "música congelada". En el Antiguo Egipto, la arquitectura fue una música visual animada —en definitiva, no congelada. La arquitectura y el arte egipcio seguían los principios del diseño dinámico armónico, que se aplica por igual al sonido y a la forma.

El sonido y la forma son las dos caras de una misma moneda, y su relación se equipara a los aspectos metafísicos y físicos del universo.

La manifestación física del universo es una obra maestra del orden, de la armonía y de la belleza. La arquitectura de la existencia corpórea está determinada por un mundo invisible e inmaterial de formas y geometrías puras.

Los antiguos egipcios, que fueron y son conocidos como los hacedores (o constructores), ponían su conocimiento y sabiduría en obras animadas, energéticas y productivas.

El diseño de la arquitectura en el Antiguo Egipto se basa en la proporción armónica. Del mismo modo que las armonías musicales se basan en una proporción armónica. Se ha dicho que la música es en realidad la geometría traducida en sonido, dado que en la música se pueden oír las mismas armonías que subyacen en las proporciones arquitectónicas.

El famoso Mozart era masón, al igual que su padre y muchas personas notables de su época. Su música fue el espíritu del pasado de las tradiciones del Antiguo Egipto. Su mayor logro fue la ópera masónica, donde el poder de la masonería se convirtió en el poder de la música mediante el uso de *símbolos masónicos*.

7.2 MONUMENTOS PERSONALES O GENERADORES DE ENERGÍA

Hay una tendencia común de ignorar la función religiosa de los templos del Antiguo Egipto. Tenemos que intentar entenderlos como la relación entre la forma y la función. En lugar de ello, son vistos por muchos simplemente como una galería de arte y/o una interacción de formas en una representación histórica vaga.

En realidad, el templo egipcio era el enlace, el medio en su justa proporción entre el macrocosmos (el mundo) y el microcosmos (el hombre). Fue un escenario en el cual tuvieron lugar las reuniones entre los *neteru* (dioses y diosas) y el rey, como representante del pueblo.

El templo egipcio era una máquina para generar y conservar la energía divina para el beneficio de todos y cada uno. Era el lugar en el cual la energía cósmica de los *neteru* (dioses y diosas) vino a habitar y a irradiar sus energías para el país y para el pueblo.

El poder armónico de los planos del templo, de las imágenes grabadas en las paredes, y de las formas de culto, condujeron a la misma meta, una meta que era tanto espiritual, dado que implicaba el establecimiento de fuerzas sobrehumanas en movimiento, como práctica, en la cual el resultado final esperado era la conservación de la prosperidad del país.

La elección de la ubicación de un templo y de las peculiaridades en su diseño no se basaba en consideraciones económicas, sino más bien en un conocimiento más profundo del macrocosmos.

Los templos egipcios no fueron construidos rápidamente o por un único rey, sino que fueron construidos durante muchos siglos y por sucesivos reyes. Un buen ejemplo es el enorme complejo de los grandes templos de Karnak, construidos en un periodo de más de 1.500 años. Dichos templos cuentan con seis pilones, y es un logro imponente y homogéneo que produjo una distribución armónica de edificaciones, abarcando aproximadamente 2.300 metros de perímetro. Es evidente que existía un plan general previo y esto lo sabían quienes hicieron las obras posteriores en un periodo de más de 1.500 años.

7.3 ARQUITECTURA Y GEOMETRÍA SAGRADA

Se logró el diseño armónico en la arquitectura del antiguo Egipto a través de la unificación de dos sistemas:

> 1. aritmético (números significativos a lo largo del eje de una línea central) y

> 2. gráficos (cuadrados, rectángulos y algunos triángulos).

La unión de los dos sistemas refleja la relación de las partes con el todo, que es la esencia del diseño armónico.

Se determinaron los puntos significativos a lo largo del eje de diseño. Dichos puntos marcan la intersección con los ejes transversales, la alineación de una puerta central, la posición de un altar, el centro de un santuario, etc., y siguen una progresión aritmética precisa. En muchos de los mejores planos, dichos puntos importantes se encuentran a distancias armónicas entre sí, y sus distancias de un extremo al otro, expresan las figuras de la sucesión (llamada Fibonacci) de 2, 3, 5, 8, 13 , 21, 34, 55, 89, 144, 233, 377, 610,.. El análisis armónico muestra una serie de puntos significativos legibles entre ambos extremos, es decir, si fuera invertida, se podría realizar la correspondencia también entre un sistema de puntos significativos de la serie con el punto de referencia inicial en el extremo opuesto del plano.

Se utilizó esta sucesión en los monumentos egipcios desde el Reino Antiguo. El diseño del templo de la pirámide de Kefrén (Kefrén) en Guiza alcanza la cifra de 233 codos de longitud total, medida a partir de la pirámide, con una serie completa de DIEZ puntos significativos. El templo de Karnak sigue las cifras de la sucesión hasta 610 codos, es decir, DOCE puntos significativos. [Véase los diagramas de varios templos del Antiguo Egipto en *Ancient Egyptian Metaphysical Architecture* o su edición más antigua *Egyptian Harmony: The Visual Music*; ambos de Moustafa Gadalla].

7.4 DEJAR QUE LA ENERGÍA FLUYA

Con el propósito de mantener la unidad del templo, sus componentes debían estar conectados de manera que la energía cósmica pudiera fluir sin impedimentos a través de sus partes.

La unidad de los componentes del templo debía ser como la de los componentes del cuerpo humano. Las paredes de un templo consisten en bloques y esquinas, y dichos componentes (bloques) deben estar conectados entre sí, de un modo que permita el flujo de la energía divina, al igual que las partes del ser humano. Es incorrecto pensar simplemente que la conexión entre dos componentes o piezas fuera sólo para garantizar la estabilidad estructural de la(s) pieza(s) y de toda la edificación.

Podemos obtener indicios del cuerpo humano (la casa del alma) al revisar los templos egipcios (la casa del alma cósmica, energía, *neteru*). El cuerpo humano está conectado con los músculos, etc., pero las venas y los nervios no se interrumpen en las articulaciones de los huesos del esqueleto. Los antiguos templos egipcios fueron diseñados del mismo modo. Los bajorrelieves de todos los tamaños, así como los símbolos jeroglíficos, comprenden dos bloques contiguos con total perfección. La intención es muy clara: tender un puente sobre la junta entre bloques adyacentes (al lado uno del otro, o uno por encima del otro).

Se unieron estos mismos bloques con algún tipo de sistema nervioso o de energía. La continuación del flujo de energía necesitaba patrones especiales entrelazados. Esta práctica de unir bloques prevaleció en todos los templos a lo largo de la historia conocida del Antiguo Egipto. [Véase información más detallada en *Ancient Egyptian Metaphysical Architecture* o su edición más antigua *Egyptian Har mony: The Visual Music* ambos de Moustafa Gadalla].

7.5 EL PODER DE LA PIRÁMIDE

Hemos aprendido en la escuela que las pirámides no son más que las tumbas que fueron construidas por faraones tiranos, y que se usaron esclavos para transportar enormes piedras sobre rampas temporales, en la construcción de estas pirámides. Estas informaciones tan difundidas no están comprobadas.

Cuando examinamos los hechos, especialmente al visitar las pirámides, nos percataremos de que las creencias comunes acerca de las pirámides son tan increíblemente ilógicas que pueden generarnos muchas dudas.

En este sentido, vamos a dar a conocer una serie de informaciones sobre "el poder de la pirámide". Muchos investigadores descubrieron que había una cierta propiedad en la forma piramidal, haciéndola responsable de poderes extraordinarios. Experimentaron con muchos elementos, colocando a cada uno en una posición equivalente a la de la "Sala del Rey", dentro de un modelo a escala de una pirámide orientada correctamente. Se dieron cuenta de que los materiales altamente perecederos se conservaban, que las cuchillas de afeitar desgastadas de acero recuperaban sus bordes afilados después de una noche, etc. Muchos concluyeron que la propia forma piramidal fue la responsable, que de algún modo hubiera cambiado los procesos físicos, químicos y biológicos que podrían tener lugar dentro de ella. Este experimento difundió el fenómeno conocido como "poder de la pirámide".

Se siente el poder de estas pirámides de Egipto, dentro o fuera de ellas, debido a que sus configuraciones son armónicamente proporcionadas.

Las pirámides fueron proporcionadas armónicamente para actuar o funcionar del mismo modo que los *greenhouses* (invernaderos), es decir, atrayendo y reteniendo ciertas energías. En el caso de la pirámide egipcia, esto debería llamarse el efecto *bluehouse* (casa azul).

En el caso del efecto invernadero, se trata de la retención del calor de la luz solar en la superficie de la tierra, causada por el dióxido de carbono atmosférico que deja pasar la radiación de onda corta, pero que absorbe la radiación de onda larga emitida por la tierra.

En el caso del efecto *bluehouse*, la edificación conserva la energía orgónica. Dicha energía viene del espacio exterior. Es lo que hace que las estrellas parpadeen y que el cielo sea azul.

Es imposible abarcar un tema tan complejo como el de las pirámides en unas pocas páginas. Para obtener una información más completa acerca de este tema, leer *Egyptian Pyramids Revisited* o su edición más antigua *Pyramid Handbook*; ambos de Moustafa Gadalla.

LEYENDO LOS ESCRITOS EN LAS PAREDES [EGIPCIAS]

8.1 CARACTERÍSTICAS DEL ARTE EGIPCIO

El arte, como todo en la vida egipcia, era una parte del Plan Maestro del hombre y del universo. Los egipcios tuvieron la habilidad de reducir su entorno universal a un sistema racional y finito. En consecuencia, el arte tenía cánones de proporción a los cuales se debía ajustar. Como resultado, los planos de las plantas bajas y de las superiores en una edificación egipcia, así como de las estatuas, etc., reflejan un orden matemático particular y lleno de significados.

La cuidadosa definición de los planos separados de este universo cúbico, se revela en un arte que es esencialmente bidimensional. Con el fin de representar objetos tridimensionales sobre una superficie plana, los egipcios evitaban las soluciones en perspectiva del problema. Esto trajo consigo un perfil bidimensional a excepción de unas pocas partes del cuerpo, como los ojos, y a veces los cuernos.

El artista egipcio representaba en su obra la idea de los objetos en lugar de su representación exacta en el contexto espacial. Su concepto artístico creativo es similar a las acciones creativas de

Dios. Como resultado de la Palabra de Dios (expresión), se creó el mundo.

Del mismo modo, cualquier obra de arte creativa, incluso una estatua, tiene inscripciones que describen la acción o que definen su finalidad, así como los nombres de los actores.

Además, se sometían todas las estatuas, pinturas, relieves o edificaciones finalizadas a un ritual de apertura de la boca para asegurar que, un producto inanimado realizado por manos humanas se transformaría en una parte vibrante del orden divino cargado de poder numinoso.

El resultado final es un "arte" desbloqueado, vibrante, dinámico, expresivo y activo.

8.2 PAREDES DINÁMICAS (BAJORRELIEVES)

Las esculturas, los frisos y las pinturas egipcias fueron cuidadosamente planificados de acuerdo a las leyes armónicas, geométricas y de la proporción.

Las paredes de los templos egipcios estaban revestidas de imágenes animadas, incluyendo los jeroglíficos, para facilitar la comunicación entre el arriba y el abajo. La base en el Antiguo Egipto era por lo general un cuadrado, que representaba el mundo que se nos manifiesta (la cuadratura del círculo).

Además, las cuadrículas representaban simbólicamente el mundo que se nos manifiesta, lo que también hace que sea fácil construir rectángulos raíz de 2, 3 y 5, a partir de o dentro de la plantilla de un cuadrado. Se definieron las esquinas de los cuadrados y de los rectángulos raíces mediante ranuras a lo largo del perímetro, o cuidadosamente mediante líneas inscritas.

El diseño basado en rectángulos raíz se llama *diseño dinámico generativo*, realizado únicamente por los egipcios. Las edificaciones y los objetos sagrados egipcios tienen una geometría basada en la división del espacio obtenida mediante rectángulos raíz y sus derivados, tales como la proporción áurea (dorada).

Las composiciones en bajorrelieve egipcias muestran que sus creadores elaboraban las proporciones de las imágenes y de los grupos de jeroglíficos mediante la aplicación de rectángulos que rotaban en un cuadrado. Se remarcan cuidadosamente los contornos del cuadrado mayor en la piedra a través de pequeñas barras.

Prácticamente todas las figuras de las paredes en las edificaciones egipcias están de perfil, lo que es indicativo de la acción e interacción entre las distintas figuras simbólicas. Se puede observar claramente una amplia variedad de acciones en las formas. Las representaciones de las paredes muestran acciones muy activas e interactivas con un increíble simbolismo.

Un ejemplo común es la manera de representar algunas figuras con las dos manos derechas o izquierdas. Una mano derecha activa simboliza la entrega. Una mano izquierda activa significa el recibir. Cuando la función simbólica de la persona es totalmente activa, se la representa con las dos manos derechas. Cuando su función es totalmente pasiva, tiene dos manos izquierdas.

8.3 CONSCIENCIA CÓSMICA O ARTE MUNDANO

Las escenas de las actividades diarias, que se encuentran en las tumbas egipcias, muestran una fuerte y perpetua correlación entre la tierra y el cielo. Las escenas son representaciones gráficas de todo tipo de actividades: la caza, la pesca, la agricultura, los tribunales de justicia y todo tipo de artes y artesanía. Retratar estas actividades diarias, en presencia de los *neteru* (dioses y diosas) o con su ayuda, significa su correspondencia cósmica, una fuerte correlación perpetua entre la tierra y el cielo.

Esta correlación perpetua — consciencia cósmica — se refleja en el tercer libro de los Textos Herméticos de Asclepio [25]:

> ***"...En Egipto todas las operaciones de los poderes que gobiernan y trabajan en el cielo, han sido transferidas abajo a la tierra... Debería decirse más bien que todo el cosmos habita tanto en [Egipto] como en su santuario...".***

Cualquier acción, sin importar lo mundano que fuera, tuvo en cierto sentido un acto cósmico correspondiente: arar, sembrar, cosechar, elaborar cerveza, moldear una jarra de cerveza, construir barcos, llevar a cabo guerras, jugar a juegos; todas las actividades eran vistas como símbolos terrenales de las actividades divinas. En otras palabras, **para los egipcios antiguos (y baladís), todos los aspectos "físicos" de la vida tenían un significado simbólico (metafísico). Del mismo modo, todos los actos simbólicos de expresión tenían un fondo "material". Lo que es arriba es abajo y lo que es abajo es arriba.**

8.4 SIMBOLISMO

Un símbolo, por definición, no es lo que representa sino lo que significa, lo que sugiere. Un símbolo revela a la mente una realidad diferente de sí misma. Las palabras transmiten la información; los símbolos evocan la comprensión.

En los templos, los antiguos egipcios utilizaron símbolos pictóricos para representar conceptos metafísicos. Como dice el refrán, "una imagen vale más que mil palabras". En el simbolismo egipcio, la función precisa de los *neteru* (dioses y diosas) se revela en muchas formas: por los vestidos, adornos en la cabeza, coronas, plumas, animales, plantas, colores, posiciones, tamaños, gestos, objetos sagrados (por ejemplo, el mayal, el cetro, el cayado o el ankh), etc. Un símbolo elegido representa esta función o principio, simultáneamente en todos los niveles desde la manifestación física más obvia o sencilla de esta función, hasta la más abstracta y metafísica. Este lenguaje simbólico representa una gran cantidad de informaciones físicas, fisiológicas, psicológicas y espirituales en los símbolos representados.

8.5 SIMBOLISMO ANIMAL

Para los antiguos egipcios, todos los animales/aves simbolizaban y encarnaban ciertas funciones y principios divinos, de un modo particularmente puro y representativo. Como tal, los *neteru* (dioses y diosas) animales o con cabeza de animales son expresiones simbólicas de una profunda comprensión espiritual.

Cuando se representa a un animal entero en el antiguo Egipto, se está representando una función o un atributo particular en su forma más pura. Cuando se representa una figura con una cabeza de animal, se transmite esta particular función o atributo al ser humano.

Tomemos el ejemplo del perro que encarna la esencia del guía espiritual. El perro o chacal es conocido por su infalible instinto de retorno al hogar, de día o de noche. El perro es muy útil en búsquedas y es el animal elegido para guiar a los ciegos. Como tal, es una excelente opción para guiar el alma del difunto a través de las regiones de Duat.

La función metafísica de Anubis, representado por un perro, se refleja en su dieta. El perro o chacal se alimenta de carroña, convirtiéndola en un alimento aprovechable. En otras palabras, Anubis representa la capacidad de convertir los residuos en alimentos útiles para el cuerpo (y el alma), como en el proceso alquímico de transformar el plomo en oro.

Se pueden encontrar diversos ejemplos del simbolismo animal en *Egyptian Divinities: The All Who Are THE ONE*, de Moustafa Gadalla.

8.6 LAS TRES FUNCIONES DE CADA IMAGEN JEROGLÍFICA

Se conoce comúnmente al sistema pictórico de los antiguos egipcios como jeroglíficos, que comprenden un gran número de símbolos. La palabra jeroglífico significa escritura sagrada (hieros = sagrado, glyphein = impresión).

El concepto metafórico y simbólico de los jeroglíficos fue reconocido por unanimidad por TODOS los primeros escritores que se refirieron a este asunto, como Plutarco, Diodoro, Clemente, etc.

Los *Jeroglíficos de Horapolo* es el único tratado jeroglífico verdadero conservado desde la antigüedad clásica. Está formado por dos libros, uno que contiene 70 capítulos y otro que contiene 119, y cada uno de ellos está dedicado a un jeroglífico en particular. De acuerdo con Horapolo, las relaciones entre signo y significado siempre han tenido un carácter alegórico y siempre fueron establecidas por medio del razonamiento "filosófico". En consecuencia, cada jeroglífico tiene un corto título (encabezado) que describe, ya sea el jeroglífico en sí mismo en términos simples, como por ejemplo "la explicación de la imagen de un halcón", u otros que indican la naturaleza del tema alegórico a ser explicado, como por ejemplo, "cómo representar a la eternidad", o "cómo representar al universo".

Del mismo modo, Clemente de Alejandría, en el capítulo IV del libro V del *Stromata*, IV, nos dice que las dos funciones principales (literales y simbólicas) de los jeroglíficos egipcios, y cómo esta última (simbólica) poseen dos funciones, una figurativa y una alegórica (mística):

"El jeroglífico egipcio, en el cual un aspecto es literal por los primeros elementos, y el otro es simbólico. De lo simbólico, una parte habla literalmente por semejanza, otra describe en

sentido figurado; y la última es bastante alegórica, utilizando acertijos".

[I] Sobre la primera función o asunto — *literalmente por semejanza* — el capítulo IV del libro V del *Stromata* de Clemente, comenta:

"Cuando desean representar al sol por escrito, hacen un círculo; y a la Luna, con una figura como la Luna, como si fuese su forma real".

[II] Sobre la segunda función o asunto — *figurativa* — el capítulo IV del libro V del *Stromata* de Clemente, menciona:

"Pero en el uso del estilo figurativo, mediante la transposición y la transferencia, cambiando y transformando de muchas formas que son más adecuadas, dibujan caracteres".

[III] Sobre la tercera función o asunto — *alegórica* — el capítulo IV del libro V del *Stromata* de Clemente, continúa:

"El siguiente es un ejemplo del tercer tipo -el enigmático. Al resto de las estrellas, debido a su dirección oblicua, las han representado con cuerpos de serpientes; pero al sol como un escarabajo, dado que éste hace una bola con estiércol de buey y la hace rodar por delante de su cara. Y dicen que esta criatura vive seis meses bajo tierra, y la otra mitad del año en la superficie, y coloca su semilla en la bola, da a luz y no es un escarabajo hembra".

Clemente, al igual que TODOS los escritores clásicos del Mundo Antiguo, afirmó que los jeroglíficos egipcios representaban imágenes reales de la ley divina. Las relaciones entre signo y significado siempre han tenido un carácter alegórico y siempre fueron establecidas por medio del razonamiento "filosófico".

Para resumir, la escritura jeroglífica egipcia simbólica se divide básicamente en tres funciones:

1) La literal (un objeto se representa a sí mismo),

2) La figurativa (un objeto representa a una de sus cualidades) y

3) la alegórica (un objeto está vinculado a través de procesos enigmáticos conceptuales).

De hecho, estas categorías describen las relaciones entre las formas visuales y sus significados. Una imagen puede ser mimética o literal, copiando directamente las características del objeto que representa; puede ser asociativa, sugiriendo atributos que no están visualmente presentes, tales como propiedades abstractas e incapaces de la representación literal; y por último, puede ser simbólica, con un significado sólo cuando se decodifica de acuerdo a las convenciones o los sistemas de conocimiento que, aunque no sean esencialmente visuales, se comunican a través de medios visuales.

Se puede encontrar mucho más sobre este tema en *The Egyptian Hieroglyph Metaphysical Language,* de Moustafa Gadalla.

LA EXTENSIÓN DE LA ANTIGUA CIVILIZACIÓN EGIPCIA

9.1 LA EDAD DE LA ANTIGUA CIVILIZACIÓN EGIPCIA

Heródoto relató que fue informado por sacerdotes egipcios de que *"el sol se había puesto dos veces donde ahora se levantó, y dos veces se levantó donde ahora se había puesto."* Esta afirmación indica que los antiguos egipcios contabilizaron su historia por más de un ciclo zodiacal de 25.920 años.

La historia del Antiguo Egipto se extendió por un ciclo zodiacal completo de 25.920 años, además de un ciclo zodiacal parcial, entre el 10.948 a.C. (el punto de inicio de nuestro ciclo del zodiaco actual) y el final de la Era de Aries, cuando perdió su independencia. Por lo tanto, la antigüedad del Antiguo Egipto es de [25.920 + (10.948 − 148)] = 36.720 años.

Que la civilización del Antiguo Egipto tenga más de 36.000 años — y por extensión la vida en la Tierra tenga esta misma antigüedad — va en contra de las creencias cristianas y occidentales. Como resultado, se ha repetido constantemente que el faraón Mena (aprox. siglo XXXI a.C.) "unificó Egipto" y que comenzó la civilización del Antiguo Egipto.

La cronología de los faraones egipcios antiguos, desde la época de Mena, vino básicamente de Manetón en el siglo III a.C. La obra de Manetón no ha sobrevivido — sólo tenemos comentarios sobre él de Sextus Africanus [aprox. 221 d.C.] y Eusebio de Cesarea [aprox. 264-340 d.C.].

Según Eusebio, Manetón atribuye una gran antigüedad al Egipto faraónico, basándose en la edad de las antigüedades del Antiguo Egipto, de 36.000 años, lo que es consistente con los relatos de Heródoto. Se trata de un consenso general con otros relatos y hechos comprobados, como en Diodoro de Sicilia [Diodoro I, 24] y un documento egipcio antiguo conocido como el Papiro de Turín, un documento original que data de la Dinastía XVII [aprox. 1400 a.C.].

Las pruebas físicas también apoyan esta antigüedad remota del Antiguo Egipto, a pesar del hecho de que muchas pruebas arqueológicas de dicho período han sido enterradas muy por debajo de los actuales niveles freáticos, debido al fenómeno del aumento del valle del Nilo, por lo que la sedimentación que provocaban las aguas en las inundaciones anuales del Nilo elevaron continuamente el nivel del suelo y consecuentemente los niveles freáticos.

Las pruebas permanecen en muchos textos, templos y tumbas del Antiguo Egipto, lo que corrobora los relatos de los escritores griegos y romanos. Por ejemplo, templos de todo Egipto poseen referencias de haber sido originalmente construidos mucho antes de su "historia dinástica". Los textos inscritos en las criptas del templo de Hathor en Dendera afirman claramente que el templo que fue restaurado en la era ptolemaica, se basó en los dibujos que datan del rey Pepi de la Dinastía VI (2400 a.C.). Estos dibujos son copias de documentos que son miles de años más antiguos que la época de los Servidores de Horus. [Una elaboración detallada y amplia sobre este tema se encuentra en el libro: *Ancient Egyptian Culture Revealed*, de Moustafa Gadalla.]

9.2 EL MÁS POBLADO, RICO E INFLUYENTE

Egipto fue el país más dominante, poblado y famoso del Mundo Antiguo, como afirma Diodoro, en su Libro I, [31, 6-9],

"En términos de densidad de población, Egipto superó con creces a todas las antiguas regiones conocidas del mundo habitado, e incluso en nuestros días se piensa que es insuperable".

Geográficamente, el Antiguo Egipto parecía aislado y diferente del resto del mundo, aislado por los desiertos del estrecho valle del Nilo. Sin embargo, los egipcios tenían un contacto permanente con otros pueblos. Escritores clásicos como Plutarco, Heródoto y Diodoro han afirmado que el Antiguo Egipto tenía colonias pacíficas por todo el mundo. Diodoro de Sicilia, en su Libro I, [29, 5], afirma lo siguiente:

"En general, los egipcios relatan que sus antepasados enviaron numerosas colonias a muchas partes del mundo habitado, debido a la preeminencia de sus antiguos reyes y de su población excesiva;"

Diodoro, en su Libro I, [28, 1-4], habla de algunas colonias egipcias pacíficas que le fueron informadas en Asia y Europa:

"...un gran número de colonias se extendió desde Egipto para todo el mundo habitado. Para Babilonia, por ejemplo, los colonos fueron liderados por Belus, que fue considerado como el hijo de Poseidón y Libia...

...También dicen que los que emigraron con Danaus, desde Egipto, fundaron la que es prácticamente la ciudad más antigua de Grecia, Argos, la nación de Colchi en Pontus y la de los judíos, que se encuentra entre Arabia y Siria, fueron fundadas como colonias por algunos emigrantes de su país...".

En virtud de la preeminencia de colonos egipcios en Asia y Europa, jugaron un papel importante en el país de sus nuevos asentamientos. Diodoro, en su Libro I, [28,6-7], analiza el importante papel de los colonos egipcios como gobernantes de estas nuevas colonias.

Por último, cabe señalar que los registros del Antiguo Egipto (así como los registros de otras áreas) tienen un sinnúmero de nombres de lugares a lo largo del mundo que no se pueden reconocer actualmente. Los nombres de lugares, grupos étnicos y países cambian constantemente. Los nombres de los países de Europa, de hace sólo 100 años por ejemplo, son extraños para la mayoría de los europeos de hoy en día. A la larga, cuando estos registros desaparezcan dentro de algunos siglos, los nombres de estos países serán totalmente irreconocibles.

En numerosos lugares del mundo, hay referencias a las personas bronceadas o de piel marrón que proporcionaron la iluminación en dichas regiones. Se les describe como:

1. De origen y características "orientales".

2. Personas no bélicas que se asentaron pacíficamente entre la población local.

3. Altamente avanzados en la metalurgia y que fabricaron grandes cantidades de productos metálicos.

4. Perfectamente organizados y con mucho talento para la gestión.

5. Muy avanzados en cultivos en clima seco, en riego, etc.

6. Constructores y artesanos experimentados que han construido tumbas megalíticas, etc.

7. Personas muy religiosas que tenían creencias animistas.

Las descripciones anteriores sólo se pueden aplicar a un país: Egipto.

La inmigración procedente de Egipto transcurrió en varias oleadas y estuvo estrechamente ligada con los acontecimientos en el Antiguo Egipto. Algunos emigraron en épocas de prosperidad para buscar contactos comerciales, y la mayoría en momentos convulsos.

Para más información sobre las olas migratorias egipcias al África subsahariana e interior, leer *Exiled Egyptians: The Heart of Africa*, de Moustafa Gadalla.

Para más información sobre las olas migratorias egipcias a la Península Ibérica, leer *Egyptian Romany: The Essence of Hispania*, de Moustafa Gadalla.

For more information about the Egyptian immigration waves to the Iberian Peninsula, read *Egyptian Romany: The Essence of Hispania*, by Moustafa Gadalla.

1

BIBLIOGRAFÍA SELECCIONADA

Badawy, Alexander, *Ancient Egyptian Architectural Design*, Los Angeles, CA, EEUU, 1965.

Baines, John y Jaromir Málek, *Atlas of Ancient Egypt*, Nueva York, 1994.

Budge, Sir E. A. Wallis, *Egyptian Language, Easy Lessons in Egyptian Hieroglyphics*, Nueva York, 1983.

- *The Gods of the Egyptians*, 2 volúmenes, Nueva York, Dover, 1969.

- *Osiris & The Egyptian Resurrection* (2 volúmenes), Nueva York, 1973.

De Cenival, Jean-Louis, *Living Architecture*, traducido por K. M. Leake, Nueva York, 1964.

Diodoro de Sicilia, *Books I, II, & IV*, traducido por C. H. Oldfather, Londres, 1964.

Egyptian Book of the Dead (The Book of Going Forth by Day), The Papyrus of Ani, EEUU, 1991.

Erman, Adolf, *Life in Ancient Egypt*, Nueva York, 1971.

Erman, Adolf, *The Literature of the Ancient Egyptians*, traducido por A. M. Blackman, Londres, 1927.

Estrabón, *The Geography of Strabo*, traducido por Jones, Horace Leonard, Londres, 1917.

Gadalla, Moustafa,

– Véase la lista de publicaciones al final de este libro.

Heródoto, *The Histories*, traducido por A. de Selincourt, Nueva York y Harmondsworth, 1954.

Iversen, Erik, *The Myth of Egypt & Its Hieroglyphs*, Copenhague, 1961.

James, T. G. H., *An Introduction to Ancient Egypt*, Londres, 1979.

Kastor, Joseph, *Wings of the Falcon, Life and Thought of Ancient Egypt*, EEUU, 1968.

Piankoff, Alexandre, *The Litany of Re*, Nueva York, 1964.

- *The Pyramid of Unas Texts*, Princeton, NJ, EEUU, 1968.

- *Mythological Papyri*, Nueva York, 1957.

- *The Shrines of Tut-Ankh-Amon Texts*, Nueva York, 1955.

Platón, *The Collected Dialogues of Plato including the Letters*, editado por E. Hamilton y H. Cairns, Nueva York, EEUU, 1961.

Plotino, *The Enneads*, en 6 volúmenes, traducido por A.H. Armstrong, Londres, 1978.

Plutarco, *Plutarch's Moralia*, volumen V, traducido por Frank Cole Babbitt, Londres, 1927.

Wilkinson, J. Gardner, *The Ancient Egyptians: Their Life and Customs*, Londres, 1988.